Vita somnium breve.
Das Leben ist wie ein kurzer Traum.

Herstellung und Verlag:
BoD - Books on Demand, Norderstedt
ISBN 978-3-7494-2005-6

PUSTEBLUMEN IM WIND

Lyrik

HARTMUT MOREIKE

Dein Zauber

Die Jahre vergingen,
ich vegaß dein Gesicht,
doch die Nacht mit Dir,
als nur der Mond zusah
wie wir uns liebten,
die vergaß ich nicht.

Mein Haar ist schon grau
und auch etwas licht,
wenn ich an dich denke,
fühle ich mich jung
und verfalle dem Zauber
der aus Erinnerung spricht.

Es war wohl im Mai,
als mit silbernem Licht
Sterne auf uns stürzten,
unsere Leiber bedeckten
wie ein gleißender Mantel,
doch wir spürten ihn nicht.

Wir flogen ins Weltall
auf Strahlen im Mondlicht
und kein einziges Wort
durchbrach den Zauber
bis bei zartem Morgenrosa
wir schworen: Vergiss mein nicht.

Der singende Samowar

Wenn sich der Wind
unter den Bäumen
zur Ruhe legt
und das Abendrot
dem Himmel verbrennt,
dann tritt Friede ein.

In den Häusern
kommt die Familie
am gedeckten Tisch,
auf dem der Samowar
anheimelnd
sein Liedchen summt
zusammen.

Es ist still
und alle lauschen
der Melodie zum Tee,
die Ruhe ausstrahlt
und Wärme
und Geborgenheit,
welch ein Zauberer
dieser Teekocher.

Pusteblume am Wegesrand

Im Staub
am Wegesrand
eine Pusteblume
reif und erblüht
im zarten Licht
des Morgens stand.

Am Abend
im letzten Schein
die Pusteblume
lud mich ein
und ihre Augen
verrieten sich
sie sagten:
Komm' puste mich.

Die junge Nixe

Es war so
um Mitternacht
als ich am Meer
aus kurzem Schlummer
verwirrt bin aufgewacht.

Und im Dunkeln
rauschten Wellen,
das ruhige Wasser
begann zu quellen
und mit einem Funkeln
entstieg der See
eine Traumgestalt,
die junge Meeresfee.

Am Strand im Sand
im Mondenschimmer
bot sich ein Götterbild,
denn die kleine Nix
ohne Gewand,
so unverhüllt ein Traum,
ein Röckchen aus Tang
von Wellen umspült
atemlos anzuschaun.

Grün war das Haar
und meeresblau
die blanken Augen,
zart die Gestalt,
wie nur ein Zauber war.

Sie nahm meine Hand,
ihre war ganz kalt,
zog mich vom Strand
und lud mich ein
zum kühlen Bade
mit magischer Gewalt
ganz sacht vom Gestade
im hellen Mondenschein.

Ich folgte der Fee
und im Versinken
in der kühlen See
was für ein Wunder,
und im Ertrinken
schwamm ich in die Höh.

Beim Erwachen
auf dem nassen Strand
hörte ich das Nixlein lachen.
Ruhig trugen die Wellen
Kronen von Schaum
und mein Herz trauerte,
es war nur ein Traum.

Neugierig

Ich würde so gern
auf dem Mond
spazierengehn
und mir
in aller Ruhe
die geheimnisvolle
Rückseite ansehn.

Ich würde so gern
in die Lüfte gehen
und allein
im sanften Flug
so dir von oben
den Kopf verdrehn.

Ich würde so gern
im frühlingsgarten
die Vögel verstehn,
um mit ihnen
vor Sonnenaufgang
singend aufzustehen.

Romeos Haus

In Veronas
alten Gassen
drängen sich
tagein tagaus,
nicht zu fassen
Menschenmassen
hin zu Julias Haus.

Nur ein paar
Schritte weiter
herrscht Stille
und schattige Kühle
ohne Gewühle
und vor Romeos
schlichtem Haus
liegt wie vergessen
mein Rosenstrauß.

Forte della morte!

Warum?

Warum haben
Engel keine Brüste?
Eine Frage,
auf die ich gern
die Antwort wüsste.

Warum glauben
Menschen an Gott,
die zu den
Sternen fliegen?
Darauf würde ich gern
eine Antwort kriegen.

Warum müssen
wir in einem
so reichen Land
Armut beklagen?
Das würde ich gern
die Politiker fragen.

Weiße Nächte

Zauberzeit in
Petersburg,
Nächte hell
und dennoch
für die Liebe
wie gemacht.

Dämmerlicht
kein Lampenlicht,
auf Boulevards
die halbe Stadt
Musik erklingt
es wird spaziert,
geflirtet, geliebt
und getanzt
die ganze Nacht.

Prunkpaläste
im Schleierdunst,
Newa-Brücken
himmelwärts
emporgezogen,
Zar Peters Stadt
in voller Pracht.

Ich kann nicht verzeihen

Ich habe das Feuer
eines Krieges gesehn
und das Krachen
von Bomben gespürt,
es ist in Dresden geschehn,
was konnte ich dafür?

Ich habe Menschen
als lebende Fackel gesehn
und das Dröhnen
der Flugzeuge gehört
und konnte nicht verstehn
wer so eine Stadt zerstört.

Ich habe Mütter
mit toten Kindern gesehn,
fassungslos stumm
oder jammernd schreien,
sie irrten in Ruinen herum.
Die Bilder werden nie vergehn
und das will ich nicht verzeihen.

Ich habe Kriegsgegner
an Laternen gesehn,
mit aufgerissenen Mündern
wie zum letzten Schrei,
sie wollten dem Wahn widerstehn
und verloren ihr Leben dabei.
Und das kann ich nicht verzeihen.

Ich habe Politiker
vom Frieden schwatzen gehört,
die den Panzerbau beschlossen,
das hat mich zutiefst empört,
denn es waren auch Genossen.
Die Taube Picassos ist nicht tot,
doch wir müssen sie befreien,
ein neuer Krieg ist nicht zu verzeihen.

Odaliske

Kaum verhüllt
die zarten Glieder,
Sklavinnen
in Sultans Harem,
lusterfüllt
als Konkubinen
befeuern sie
Männerträume.

Wenn auch
keine Maler
sie erblickten,
nicht Matisse
und nicht Renoir
die Schönheiten
jedoch entzückten
als Gemälde,
die aus Fantasie gebar.

Petr Leshchenko

In der Bar
sah ich sie tanzen
und mein Blick
fror fest
an diesem Wesen.

Sie lächelte
mit ihren Augen
und so nahm
sie mich gefangen.

Sie strahlte
mit ihrer Schönheit
und sie fragte:
Wer bist Du?

Und ich sagte,
ein fremder Komödiant
der zum Tango
Verse singt.

Seit diesem Tage
tanzte sie
nur noch Liedern
die ich ihr widmete.

Für Mia

Wer bist du,
kleines Mädchen Mia?
Zärtliche Liebe,
die Gestalt annahm.
Großes Glück,
das keine Worte kennt.
Ein Händchen,
das uns zurückversetzt
in eine Welt,
die wir vergessen haben.
Ein kostbarer Schatz,
der uns reich macht.
Ein kleiner Mensch,
der das Band
in die Zukunft knüpft.
Du bist alles,
denn du bist die Welt!

Lotusblume

Zart wie Jade
in der Abendkühle
saß eine Lotusblüte
neben mir auf der Bank,
und ihr Blumenduft
der süße, schwüle
wirkte wie ein Zaubertrank.

Schwarze Augen,
geheimnisvoll und tiefe Glut,
war ich voll Entzücken
doch es gebar mir an Mut
dieses junge Wesen
an mein Herz zu drücken.

Doch das junge Blut
war pralles Leben,
denn in dieser Nacht
stark wie eine Flut
hat es sich ergeben,
dass ich, Chloe sei Dank,
aus der honigsüßen Blüte
genoss den Zaubertrank.

Abschied

Öffne zum letzten Mal
Haare und dein Mieder
und beende unsre Qual
denn mein Lieb, diese Nacht,
sie kommt nicht wieder.

Lass im Mondenschein
deine Träger sinken,
mich wie wilden Wein
mit Augen voller Tränen
deine süßen Lippen trinken.

Was soll in dieser Nacht
dein verschämtes Zagen,
lös Mieder und dein Kleid
zeige deine Elfenpracht
und lass uns ins All jagen.

Die Sterne schauten zu,
wie wir liebestrunken
in Umarmung ohne Ruh
keinen Moment versäumten
und in Wonnen versunken
nicht nur von Liebe träumten.

Graal Müritz

Wellenbrecher,
Torfstecher,
Blasentang,
Reusenfang,
Windflüchter,
Schafzüchter,
Sanddünen,
Sommerbühnen,
Nacktbaderei,
Kindergeschrei,
Seebrücke,
Bersteinstücke,
Muschelsuchen,
Bäckerkuchen,
Meeresrauschen,
Strandkorbtauschen,
Mövenschrei,
Aquarellmalerei,
Sanddornbüsche,
Fischgerüche,
Bäderarchitektur,
Genesungskur,
Rieddächer,
Softeisbecher,
Rhododendronhain,
Feuerstein.

Ich werde nicht

Ich werde nicht lügen
und kann mich nicht fügen,
wenn Dummheit regiert,
die Neid und Hass gebiert.

Ich kann es nicht lassen
mich nicht anzupassen,
das Schöne zu vergessen,
das ich einst besessen.

Ich lass mich nicht zwingen
Ovationen auszubringen,
auf pädophile Pfaffen
und christsoziale Laffen.

Nie werd' ich mich beugen
und die Unschuld bezeugen,
diesem so deutschen Staat,
mit faschistischer Saat.

Ich lebe nicht gerne
wo Rüstungskonzerne
Politik und Politiker machen
und so Kriege anfachen.

Augenblicke

Wir saßen uns gegenüber,
ich weiß nicht in welchem Orte,
ich schickte dir Blicke herüber,
wir verstanden uns ohne Worte.

Ich fragte dich mit den Augen
ob wohl dein Herz erweicht,
um dir einen Kuss zu rauben,
deine Blicke sagten: Vielleicht.

Spät abends bei der Linde,
wo du allein spazieren warst
und ich dich wartend finde,
sagten deine Augen: Du darfst!

Fest der Mysterien

Demeter, die Göttin der Erde
und auch der Fruchtbarkeit
lud wieder ein zum Feste
nur Frauen als des Bacchus Gäste.

Beschnitten waren Stöcke des Wein
und lud nun zum Verkosten ein,
doch weil kein Mann zugegen
wurden die Frauen sehr verwegen.

Mit jedem Glas des Rebensaftes
begann etwas sehr Rätselhaftes,
die züchtigen Weiber, die zugegen,
sie führten bald unzüchtige Reden.

Die lustigen Frauen tranken viel
und verfielen auf ein frivoles Spiel,
sie warfen ab, die kostbaren Kleider
und standen bloß, die schönen Leiber.

Myron sah im Schein der Sterne
dies bezaubernde Bild aus der Ferne,
und genoss es nicht nur anzuschaun,
er hat es auch in Marmor gehaun.

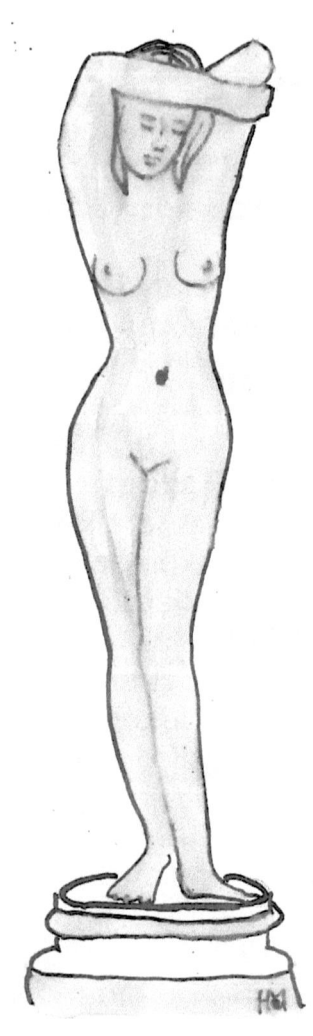

Die Veroneserin

Es war in Verona um Mitternacht,
die Stadt glänzte in Lichterpracht,
da war es mir uns Herz recht warm,
denn ich hatte ein Mädchen im Arm.

Sie war für Stunden meine Julietta
und keiner wusste, was geschah,
denn sie bot mir den Rosenmund
und wir küssten uns die Lippen wund.

In dieser wundervollen Nacht,
die man nicht vergisst nach Jahren,
da habe ich, wer hätte es gedacht,
viel über die Stadt der Liebe erfahren.

Anna aus Gdańsk

Als ich jüngst in Danzig war
zu begrüßen das neue Jahr,
da habe ich von Anna erfahren,
sie starb mit nur vierzehn Jahren.

Anna suchte freiwillig den Tod,
denn das Mädchen litt große Not,
sie wurde vor ihrer Klasse entehrt
sie hat sich vergebens gewehrt.

Für die Jungen war es nur ein Spaß,
ein bisschen über das normale Maß,
sie haben Notzucht nur vorgetäuscht
und meinten, es wäre aufgebäuscht.

Auch der Richter sprach recht blasiert,
es sei doch nichts Schlimmes passiert,
er hatte die geile Bande beglückt
und nur eine milde Strafe aufgedrückt.

Ich aber werde niemals zuschauen,
bei Gewalt gegen Mädels und Frauen,
Anna von Danzig ist kein Einzelfall,
denn was ihr geschah,
das geschieht täglich überall.

Im Gedenken an Anna Halman von Gdańsk,
das erste Mobbingopfer in Polen.

Liebe im Mohn

Die Nacht ist angefangen,
wir lagen verliebt im Mohn,
ihr Anblick macht mich befangen,
sie versprach mir der Treue Lohn.

Sie lag da, mit offenen Haaren
und so bloß im reifen Feld,
ich habe nicht die Liebe erfahren
da unter dem Sternenzelt.

Eh sich unsere Lippen trafen,
inmitten des duftenen Mohn,
war sie schon eingeschlafen,
im Mohn, das hatten wir davon.

Der Mond

Sieh, mein Lieb,
wie der Mond
durch die Wolken bricht,
mit seinem Silberglanz
hauchzarte Netze flicht,
sein heller Schein
durch Bäume schwebt,
Schimmer ausbreitet,
bis an meine Tür
und dich zu mir
geleitet.

Die kleinen Schwäne

Im großen Bolschoi
im Schwanensee
tanzen die Primen
und auch ganz scheu
auf Spitze und Zeh
junge Elevinnen.

Sie schweben
im Schatten der Großen
federleicht über die Erde
ich habe es genossen
und werde sie bewundern
wenn sie Primen sind
und bis ich sterbe.

Gedanken lesen

Es wäre so schön gewesen,
könnte ich Gedanken lesen.
Wie würde es mich beschenken,
zu wissen, was Frauen denken.
Ich würde die Liebsten betören
mit Worten, die sie gern hören.
Wie nützlich würde es sein,
die Ärzte zu verstehn' in Latein,
zu erfahren was die Nachbarin denkt
wenn sie mir ein Lächeln schenkt.
Was überlegt denn da mein Sohn,
zählt er das Geld des Erbes schon?
Woran grübelt so der Journalist,
ob die Ente zu offensichtlich ist?
Vielleicht mach es auch Sinn,
zu erfahren, was träumt die Kanzlerin.
Aber wenn ich es recht betrachte,
erfahre ich Vieles, was ich verachte,
ist in manchen Köpfen sehr viel Mist,
drum soll es bleiben, so wie es ist.

Picassos Werk

Pablo Picasso
wird es mir verzeihn',
ich find für seine Werke
keinen würdigen Reim.
Seine Gemälde, Lithos,
Keramiken und Statuen
sind unwahrscheinlich groß
so klein sie auch sein mögen.
Und ich liebe diesen Mann
für sein Werk und sein Leben,
denn in beidem
hat er immer alles gegeben,
und ganz im Vertrauen
er liebe die Formen
besonders der Frauen.
Eines ist unbestritten
und selbst den Laien klar,
dass dieser kleine Mann
ein Kommunist,
ein Streiter für Frieden,
ein absolutes Genie
nicht nur seiner Zeit,
und ein Großer war.

Mädchenaugen

Augen, Fenster der Seele,
Augen, wie ein Versprechen,
Augen verraten Begehren,
Augen, die Herzen brechen.

Augen, so blau wie Seen,
Augen, voller Geheimnis,
Augen, Wimpern verschleiert
Augen, kühl wie die Arktis.

Augen, reden mit Blicken,
Augen, sie strahlen vor Glück,
Augen, schwimmen in Tränen,
Augen, die lieben
den Augenblick.

Dresdner Erinnerungen

Ich ging allein am Ufer der Elbe
spazieren,
da sah ich ein verliebtes, junges Paar
flanieren.
Er war besorgt, so ein ziemlich dürrer
Langer,
sie sehr viel kleiner, pummelig und
schwanger.
Es wäre doch, so dachte ich,
wunderschön,
sie hier auch zu dritt einmal spazieren
zu sehn.
Ein Schauer hat mich in den Zwinger
geführt,
da hat mich Raffaels Madonna zu
tiefst berührt
und im Grünen Gewölbe bei den
Juwelen,
war ich versucht, einen großen Rubin
zu stehlen.

Später traf ich, ich konnte es kaum
fassen,
meine Jugendliebe auf den Brülschen
Terrassen.
In der Kreuzkirche lauschte ich einem
Orgelkonzert,
es waren Barbaren, die sie einst im
Kriege zerstört.
Und angesichts des Kreuzes auf dem
Dach,
da wurden verschollene Erinnerungen
wieder wach:
Tage, an die ich nie wieder denken
möchte, ich überlebte als Kind hier
die Bombennächte.
In Dresden, da wurde ich wieder
geboren,
an Dresdens Phönix, da hab' ich mein
Herz verloren.

Herzklopfen

Ich hatte sie in mein Herz geschlossen,
das Mädchen mit den roten Haaren,
den grünen Augen und den kleinen
Sommersprossen.
Die Schöne hatte ich sehr begehrt
und hörte auch ihr kleines Herz
höherschlagen,
das hat mich ermutigt, sie hatte sich
nicht gewehrt,
mein Herz in beide Hände zu nehmen
und mehr zu wagen.
Ich habe die Kokotte geküsst und
Ihr Komplimente gemacht,
sie hatte mir mein Herz gestohlen,
in dieser kupplerischen Vollmondnacht
im Mai.
Dabei hat sie mir das Herz gebrochen,
denn für sie war die Nacht nur
flüchtige Liebelei.
Ich glaube, sie hatte kein Herz im
Leibe,
das denke ich, während in diese Zeilen
schreibe.

Seitdem ist oft der Vollmond silberhell
aufgegangen
und immer noch pocht mein Herz vor
Verlangen,
doch was vorbei ist, ist vorbei!
So manche Schöne hat mir seitdem
die Treue versprochen,
doch habe ich nun ein wundes Herz
aus Stein,
sonst hätten sie es mir wieder und
wieder gebrochen.
Nun schlägt es recht still im lieblichen
Gedenken,
ich werd' mein goldenes Herz nun
einer anderen schenken.

Noch einmal

Ich möchte noch einmal
die Kirsche in meinen Garten
im Bienenrausch und
in voller Blüte sehn.

Ich möchte noch einmal
für einen Augenblick nur
am Grab meiner ersten
Geliebten stehn.

Ich möchte noch einmal
das Himmelsblau sich
spiegelnd im Baikalsee
wiedersehn.

Ich möchte noch einmal
in den weißen Nächten
auf dem Newski-Boulevard
mit dir spazieren gehn.

Ich möchte noch einmal
im Moskauer Frühling
und im Silberwäldchen
dir meine Liebe gestehn.

Delfter Impressionen

Zwei Dinge sind aus Delft bekannt,
das sind die blauweißen Kacheln
und ein Maler, Vanmeer genannt.
Ich war spät in Delft angekommen
und habe in der Nähe der Ould Kerk
eine kleine Pension genommen.

In dem Gotteshaus so erhaben,
das seine Türme in den Himmel sticht
ist Jan Vermeer unter Stein begraben,
umsonst, denn er erhebt sich nicht.
Doch ist er für die Welt nicht tot,
er lebt in seinen Bildern fort.

Ein Werk von Meister Jan Vermeer
hat mich von allen sehr bewegt
das Mädchen, das mit schöner Grazie
einen funkelnden Perlenohrring trägt.
Wer war diese Model voller Liebreiz
und dem Zauber einer Fee?

Sie ist ein großes Geheimnis seit Jahren
und Mythos umgibt die Delfter Maid,
denn viele versuchten zu erfahren,
ob sie Magd oder gar Geliebte war,
das junge Mädchen mit dem Turban
und mit dem teuren goldenen Kleid.

Der rehscheue Blick lässt die Frage
entstehn,
waren die Holländerinnen so naiv und
schön?
Nicht seine Magd Grit ist die Schöne,
wie so Delfter Geschichten erzählen,
die das einzigartige Gemälde zeigt
und was Kritiker immer wieder wählen
zum vollkommensten Bild aller Zeit.

Mit diesem einen Bild verstand ich,
was Kunst ist.

Warten

Ich kann es kaum erwarten,
dass du zu heut mir kommst
und deine ach so zarten Hände
auf meiner Haut spazieren schickst.

Wir gehen beide in den Garten,
wo du mit mir der Liebe frommst
und ich den süßen Zauber fände,
mit dem du mich stets beglückst.

Mein Lieb, es ist schon längst erraten
ich wart von nun an stets umsonst,
weil du nicht kommst, spricht Bände,
dass du nie mehr den Garten
schmückst.

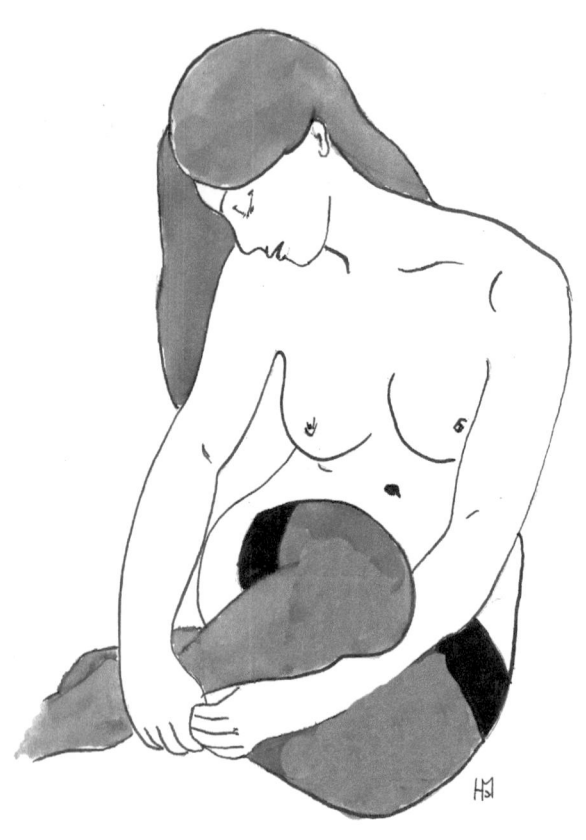

Aphrodite

Göttin der Liebe,
dem Meer entstiegen,
das Abbild der Schönheit,
um Götter zu besiegen.
Wem ihr Gürtel umschlang
ist ihr hilflos verfallen
in sinnlicher Begierde
der Schönsten von allen.
Paris so geblendet
gab den Apfel ihr
und sie löste das Gewand,
stand in göttlicher Zier.
Dem Gott des Feuers
war sie angetraut,
doch Liebesabenteuer
hat sie sich erlaubt,
mit dem Kriegsgott Ares
hat sie vier Kinder gezeugt,
eins nannten sie Eros,
so etwas Wunderbares,
das hat die Untreue nie gereut.
Auch den schönen Adonis
hat Aphrodite verführt,
und ihre sinnliche Schönheit
hat zum Krieg um Troja geführt.

Winterabend in Moskau

Deine Wimpern schneegeschmückt,
leis die Flocken frostig knistern,
wir Arm in Arm der Zeit entrückt,
wo Winterfeen von Liebe flüstern.

Spur der Schritte bald verweht,
schleierzart Laternlicht blinkt,
viel zu schnell die Zeit vergeht
doch mein Herz vor Freude springt.

Wortlos blicken wir befangen,
Liebesglut ist scheu entfacht,
frostfern glühen unsere Wangen,
kühle Küsse unter Sternenpracht.

Die Schaumgeborene

Aus der Muschel
ein Körper erwacht,
und in sinnlicher Gier
Liebe entfacht.

In Marmor
als Göttin gehauen,
lustvolle Venus,
schönste der Frauen.

Ein kühler Stein
voller Leben,
Träume entfachent
und Herzens Beben.

Vorbei

Alles was gewesen,
mein Schatz,
alles was einst war
ist vorbei, verflossen
übers Jahr.
Des Lebens Weg
verrinnt in Sand
und der Wind
verweht unsre Spur,
mein Kind.
Liebe und Trauer,
mein Seelchen,
haben uns bewegt,
doch der Schleier
die Zeit
ist darübergelegt.

Schmetterlingsmädchen

Sie glich einem Schmetterling,
des Frühlingsfalters Ebenbild,
sie war so zart und auch so flink,
recht jung und noch mehr wild.

Die Kleine war zudem noch schön,
das wusste sie genau,
es war Genuss sie anzusehn,
noch Mädchen und bald Frau.

Sie hat mich heute angelacht
ich weiß nicht was sie in mir sah,
hätt' ich mein Alter nicht bedacht,
ich könnt' schon sein ihr Papa.

Flieg weiter kleiner Schmetterling,
so herrlich anzuschaun,
ich geb' dir heute einen Wink,
du wirst einmal der Männer Traum.

Insel Olchon

Schamanenfels
und Zobelpelz,
Burjatensegen
und Erdbeben,
Wanderpfade
und Baikalbalade
Katorgaketten
und Kultstätten,
Touristengewerbe
und Weltnaturerbe,
Angaraquelle
und Omulforelle,
Forschungsstationen
und Umweltaktionen,
Wunderstories
und Naturparadies.

Puschkins Hochzeit

Es sollte sein das Feste der Feste,
geladen waren honorige Gäste
zur Trauung des bekannten Poeten,
der nun gewillt war einzutreten,
nach vielen bedichteten Amouren
Katenspielen und Bordelltouren,
in den ach so heiligen Ehestand,
was selbst der Zar für gut befand.

Doch unter keinem guten Stern,
stand der Akt im Hause des Herrn:
Puschkin fielen die Ringe zu Boden,
er hätte sie zu gern aufgehoben,
dabei, das war doch recht dumm,
riss er auf dem Altar eine Kerze um,
die hat ein kleines Feuer entfacht,
die Mutter der Braut fiel in Ohnmacht.

Das sei ein sehr schlechtes Omen
und sie sollten Recht bekommen,
es war nicht nur die ewige Geldnot
und des Zaren strenges Gebot,
er zeigte an Puschkins Frau Interesse
und hätte sie gern als Mätresse.

Hinzu kamen die Kleider der Frau,
die sich herausputzte wie ein Pfau,
ihre Schönheit zog die Kavaliere an
und trieb Puschkin fast in den Wahn.

Das Omen der Hochzeit kam heran
in Gestalt eines Pariser Edelmanns.
Der war verliebt über beide Ohren
und hat Puschkins Frau auserkoren,
er stellte die Treue öffentlich bloß,
das machte den Poeten fassungslos.
Die Ehre verteidigend ganz traditionell
forderte Alexander Puschkin ein Duell.

Der Dichter war sich durchaus klar,
dass es sein letzter Zweikampf war.
Der Schuft hatte den ersten Schuss
Und es kam so wie es kommen muss,
der weiße Schnee färbte sich blutrot,
nach zwei Tagen war Puschkin tot.

Nach einer Zeichnung von Nadja Rushewa

Das bescheidene Schilf

An einem Ufer auf dem Land
stolz eine große Weide stand
und spottete über die Halme,
dass sie nur ein Lüftchen zermalme.
Das Schilf jedoch blieb stumm,
ihm war so ein Streit zu dumm.
Da kam ein Sturm gewaltig auf,
die Wolken türmten sich zuhauf.
Das Schilf bog sich klug zu Boden
und widerstand so dem Toben.
Die Weide aber stemmte ihre Äste
In den Wind und zerbrach, die Beste.

Und die Moral von der Geschicht,
lieber biegen, ehe man bricht.

Ach, Heine

Er wurde um den Schlaf gebracht,
dachte er an Deutschland in der
Nacht.
Nun würde er sich im Grab umdrehn,
könnt' er sein Vaterland heute sehn.

Wir hören nicht mehr Loreley singen,
Lärm am Rhein würde sie umbringen.
Zu laut sind jetzt Schiene und Kahn,
was haben wir der Jungfer angetan.

Die Pfaffen trinken immer noch Wein
und vernaschen gern Chorknäbelein.
Sie haben zwar Zölibat geschworen
und werden in der Hölle schmoren.

Die Geldsäcke wie sein Onkel war,
die sind wie früher unangreifbar.
Die Banker bestimmen die Politik
und sind gefeit gegen jede Kritik.

Drum lieber Heine, bleib wo du bist,
obwohl deine Feder wird hier vermisst.
Es gibt nicht mehr so bissigen Streiter,
zum Glück leben deine Werke weiter.

Mein lieber Traum

Ich träume manchmal in der Nacht
von uns zwein'
und bin ich dann aufgewacht,
immer allein.

Drum sehe ich so gern
dein Traumgesicht
und dass dein ferner Stern
mir schickt sein Licht.

Wenn ich dich sehen möchte
mein Herz entfacht,
wäre ich aus Träumen und Nächte
wohl nie erwacht.

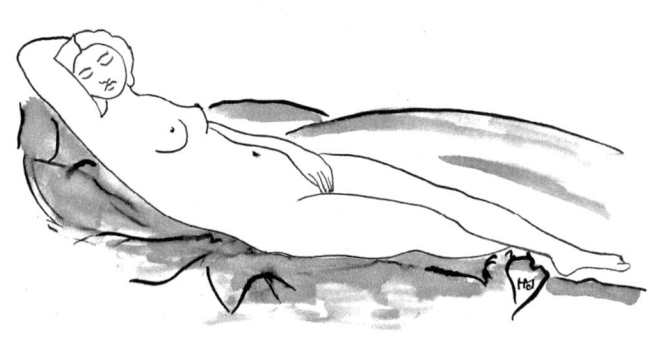

Die Dame mit dem Hermelin

Das teure Werk von alten Meistern
kann jede Prunkgalerie schmücken,
auch Laien in der Welt begeistern
wo Maler weinen vor Entzücken.

Die Dame mit dem Hermelin
schaut so schuldlos und so rein,
da Vinci sei noch mal verziehn,
jedoch trägt sie kein Heiligenschein.

Denn was das Aug mit Tränen füllt
und Leonardo auf Leinwand bannte,
ist einer schönen Mätresse Ebenbild,
die jeder am Hofer der Sforza kannte.

Cecilia Gallerani war ihr Name,
sie war recht klug und wunderschön,
doch war die Frau nie eine Dame,
wie selbst am Hermelin zu sehn.

Ludovico Sforza war nach dem Orden
insgeheim hinter vorgehaltener Hand,
zu seinem Spottnamen geworden,
von Damen weißer Hermelin genannt.

Schöner Geist

Sie hatte feuerrote Haare
von einer ungezähmten Pracht,
eine Locke ich noch aufbewahre
von meinem Stern der Mitternacht.

Sie blieb stets bis zum Erwachen
und küsste mit unstillbarer Lust,
Rotfuchs konnte leicht entfachen
ein lodernd' Feuer in meiner Brust.

Doch nie ließ sie mehr geschehn'
in dieser trauten Liebesstund
und nie erhörte sie mein Flehn,
wir küssten uns die Lippen wund.

Ich spürte ihre Jungfraunfigur
und koste sie auch mit den Händen,
doch wie sie schön war, war sie stur
und drohte, unser Spiel zu beenden.

So ist sie dann, was wir auch trieben
bis uns die Sonne lachend weckte,
eine Jungfrau stets geblieben
ein Liebesgeist und Unentdeckte.

Wieder melancholisch

Leise in den Abendstunden
erklingt eine Zigeunerweise,
der Mond macht silbern seine Runden,
schickt Sterne uns auf die Reise.

Vom Feuer glimmt nur noch die Glut
die Flaschen leer und ausgetrunken,
ermüdet auch all das Zigeunerblut,
auf weichem Lager niedergesunken.

Wo ist die Schöne nur verschwunden,
die Wein und feurige Küsse schenkte
und in all den süßen Zauberstunden
mit ihrem Blick mein Herz versenkte?

Der Morgen kam mit seiner Kühle,
um mich das Lager war so leer,
kein Wort beschreibt die Gefühle,
mein Herz in Trauer und bleischwer.

Rügen

Ostseeküste,
Jungfernbrüste,
Sonnenspiegel,
Backsteinziegel,
Fischgerichte,
Hansegeschichte,
Bernsteinsucher,
Frühbucher,
Modderschlick,
Kinderglück,
Rieddächer,
Torfstecher,
Buchenwälder,
Roggenfelder,
Rügendamm,
Heilschlamm,
Ausflugsschiffe,
Kreidecliffe,
Nacktbaden,
Musikparaden,
Badegäste,
Strandfeste,
Seebrücken,
Parklücken,
Sanddornhecke,
Dünenverstecke.

Strandhafer,
FKK-Gaffer,
Strelasund,
Strandgutfund,
Schmalspurbahn,
Andenkenwahn,
Boddenseen,
Moorfeen,
Mövenschrei,
Aktmalerei,
Eisverkäufer,
Strandläufer,
Heringsfang,
Sonnenuntergang,
Leuchtturm,
Wattwurm,
Plattfische,
Sommerfrische,
Wellenschlag
Aquapark.

Untersteh Dich

Sie schlang den Arm um mich
und als ich sie herzlich küsste,
da sagte sie: Untersteh Dich!
Die Knöpfe der Bluse lösten sich
und ich streichelte ihre Brüste,
da sprach sie wieder: Untersteh Dich!
Das Gras war weich wie ein Teppich
und als ich sie darauf bettete,
flüsterte sie leis: Untersteh Dich!
Der Mond verzog hinter Wolken sich,
ich liebkoste ihren Nabel.
da stöhnte sie: Komm, und liebe mich!
Atemlos und Gesicht an Gesicht,
lagen wir mort sur le cuop*,
da sagte sie weinend: Ich hasse mich!

1980*mort sur le cuop - mehr tot als lebendig

99

Verführung

Sich zart berühren
von Mund bis zu den Lenden
und behutsam verführen
zart mit Lippen und Händen,
bis alle Sinne erwachen
in lodernden Bränden
und Verlangen entfachen.

Küsse, die Lust erwecken,
atemlos in Schweiß gebadet,
und im Liebesspiel necken
lustvoll stöhnend Haut an Haut
und im Silberschein des Mondes
unsre Körper so vertraut.

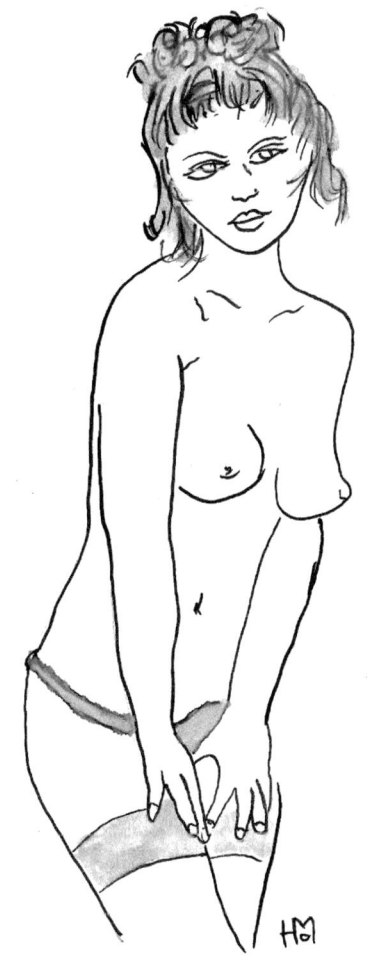

101

Das Kloster Sergijew Possad

Zwieberkuppeln
sternverziert
Klostergärten
im Geviert.

Glockenläuten
andachtstreu,
arme Pilger
beten scheu.

Feiste Popen
goldbestickt,
singen Gebete
weltentrückt.

Bettelfrauen
schwarz gewandet,
Invaliden
hier gestrandet.

Klosterbauten
geschichtsbeladen,
auf den Zinnen
nisten Raben.

Weiße Mauer
fronerrichtet,
Torkirche
oft bedichtet.

Rublow Ikone
mönchkopiert,
Eremitengrab
recht arrangiert.

Klosterkunst
wertgeschätzt,
Touristenströme
durchgehetzt.

Kirchenschiffe
juwelengeschmückt,
Weihrauchdunst
dicht in Schwaden.

Hochzeitspaare
frischvermählt,
Brautstraußspende
Ausgewählt.

Zeit der Liebe

Der heitre Tag legt sich nun nieder,
auf Feld und Flur der Abend sinkt,
vom nahen See erklingen Lieder,
es ist die Stund, wo die Liebe winkt.

Schon dunkeln selbst die Schatten,
es naht die mondbeschiedne Nacht
und Nebel steigt nun aus den Matten,
es ist die Stund, wo die Liebe lacht.

Der Abendstern ist aufgestiegen,
die Liebste bloß im Moose liegt,
wir werden bis zum Morgen fliegen,
es ist die Stund, wo die Liebe siegt.

Winter

Starr und kahl die Wieiden stehn,
wo nun frostbizarren Winde wehn.

Ein Schneesturm tönt den Park in weiß,
das Schilf am Teichsaum friert im Eis.

Nur schwarze Raben krächzen laut,
fremd ist die Welt, die sonst vertraut.

Die Sonne scheint mit halber Kraft,
auch ihr fehlt Feuer und Leidenschaft.

Abschied von J.

Lass dich, mein liebes Kind
im Geist noch einmal küssen,
zur Jugendzeit war ich noch blind,
wir hätten uns nie scheiden müssen.

Nun steh ich schuldbeladen hier
an deinem kalten Marmorstein,
das Herz, es pocht wie nur mit dir
nun in der stillen Gräber Hain.

Stumm fließen meine Tränen,
der Liebe Traum war zart und jung,
ich bin gekommen zu versöhnen,
gib endlich Ruh, Erinnerung.

Stroh im Haar

Weiches Bett im Weizen
wo wir uns geküsst,
du mit deinen Reizen
uns die Nacht versüßt.

Und im Licht des Mondes
wunderte ich mich wieder
über deine Brüstchen
und die weißen Glieder.

Deine dunklen Augen
hieltest du geschlossen,
dankbar habe ich
deine Lust genossen.

Als der Morgen graute
lagst du nackt und bloß
mit ´nem feinen Lächeln
noch in meinem Schoß.

Als wir heimwärts gingen,
Arm in Arm so wunderbar
hatte ich Lust zum Singen
und du Stroh im Haar.

Karlsbad

Kaum in Karlsbad angekommen,
da habe ich sogleich vernommen,
wer alles hier einst zum Kuren war,
bereits schon Peter der große Zar.
Goethe trank hier aus den Quellen
und spielte gern den Junggesellen.
Mozart kam nur kurz über die Grenze,
ihm flochten viele Damen Kränze.
Chopin begeisterte mit seinem Spiel
und der starke August trank sehr fiel.
Tolstoi wanderte in den Bergen gern
und Kafka blieb keiner Soiree fern.
Marx wollte eine Krankheit ausheilen
und Gogol den Gläubigern enteilen.
Schiller ließ sich vom der Muse küssen,
Beethoven in erotischen Genüssen.
Paganini war ein prominenter Patient
und Gogol, den damals keiner kennt.
Aus Brunnen trank eine illustre Schar,
der galt etwas, der in Karlsbad war.
Nun kurt mehr als die halbe Welt hier
und trinkt dazu das böhmische Bier.
Eine dreizehnte Quelle ist jetzt da,
sie heißt ganz schlicht Becherovka.

113

Marmornymphe im Schilf

Der Tag legte sich müde
und in des Abends Kühle
beim Bade ich sie fand,
wo sie im Wasser stand.

Das letzte Tageslicht,
es fiel auf ihr Gesicht
und mit zartem Bangen
wuchs mein Verlangen.

Das Schilf rauschte leise
im Windhauch seine Weise,
ich schaute voller Lust
auf ihre kleine Brust.

Ich hatte unverhohlen
das Kleid ihr gestohlen,
denn ich muss gestehn,
ich wollt noch mehr sehn.

Dann hat' ich mich versteckt
und sie mich wohl entdeckt,
gänzlich ohne jede Scham
sah sie mich so zärtlich an.

Als sie stieg aus der Flut,
da wuchs in mir die Glut
und durch Amors Macht
war Liebesehnen entfacht.

Uns hat die Maiennacht
um den Verstand gebracht,
doch beim Morgenschein,
da war sie wieder zu Stein.

116

In der Mancha

Weiße Mühlen auf roten Erden,
stolze Frauen auf rassigen Pferden.
Sie werfen die Rosen in den Sand
für den Torero als Liebespfand.

Die Corida de Toros hat sie vereint
und als der schwarze Stier erscheint,
da beugen sie sich noch weiter vor
und zeigen ihre Reize dem Matador.

Doch auf dem Land die ganz Alten,
ihr Mühsal zeigt sich an den Falten,
sie sitzen nun verstört vor ihren Katen,
vergessen von der Welt und verraten.

Autobahnen führen bis nach Madrid,
hier, wo einst der edle Don Quijote ritt.
Was hat ihnen der Fortschritt gebracht,
hat darüber jemand nachgedacht?

Es duftet noch immer nach Rosmarin,
doch der Reiz der Mancha ist dahin,
Durst stillt man noch immer mit Wein,
aber verloren ist der Heiligenschein.

Unheilige Madonnen

Sie ist der Schönheit Ebenbild,
die jedes Herz mit Freud erfüllt
und Dresdens Zwinger schmückt,
Raffaels Madonna, ein Meisterstück.

Doch die Abbilder der Madonnen,
sie waren beileibe keine Nonnen
das gibt der alten Meister offen zu
und brach damals schon ein Tabu.

Die Jungfern, die uns so entzücken
und heute Galerien schmücken,
sie saßen geduldig Model am Tage,
lustvoll Geliebte nachts, ohne Frage.

Die Madonnen mild und rein,
sie trugen keinen Heiligenschein
und dennoch seien sie gepriesen,
für das, was sie der Kunst erwiesen.

Stille

An einem munteren kleinen Bach
lag ich einst im Mai faul im Gras
und dachte über gar nichts nach,
das Nichtstun machte mir so richtig
Spaß.

Ich sah die Wolken rastlos ziehen,
nichts, was mich ringsum störte
Sonnenstrahlen golden schienen,
die Stille wars, das Schönste, was ich
jemals hörte

Moskauer Glocken

Im Abendschein der Glockenklang,
wo ich das Glück der Liebe fand.

Der Pope zieht den Glockenstrang,
die Stadt erfüllt ihr Hochgesang.

Der Glockenton klingt vertraut,
der mich erfüllt, als ich getraut.

Dein Silberton der Abendstund
weckt zärtlich mir Erinnerung.

Ich hör von fern Glockengeleit
und träume von der Jugendzeit.

Der Bronzeton verhieß Glück,
verklungen ist's, kehrt nie zurück.

Im Abendrot der Glockenklang,
er rührt mein Herz, so selig bang.

Gardasee

Weinberge bis ans Zitronenmeer,
das glatt in sommerlicher Glut,
mit typisch südländischem Flair
zwischen schroffen Bergen ruht.

Ein zauberhaftes Nixenreich,
das Dörfer säumt wie Edelsteine,
mit reinstem Wasser seidenweich
und an den Hängen Olivenhaine.

Ein Wolkenspiegel so ungetrübt
auf dem die Boote ruhig ziehn,
ein Frühlingssee, der Charme ausübt
die Landschaft voller Harmonien.

Die alten Villen prachtvoll blinken
aus dichtem Grün der Zypressen,
die Seele kann sich hier betrinken,
Gardasee, wer will sich mit dir messen.

Klage

Schwarze Wolken drohend hängen
über mich in diesen dunklen Tagen
trübe Gedanken mich bedrängen,
doch ich will nicht weiter klagen.

Habe doch mit mir Erbarmen
liebes Schicksal schwarze Macht,
lass mich frei aus dem Umarmen
und den Träumen jede Nacht.

Ferne Liebe

Der Frühlingswind umspielte
im Traum mich in der Nacht,
ich hab' an die Geliebte
im fernen Land gedacht.

Als ich in weichen Kissen
sie nahm in meinen Arm,
da ward ich hingerissen
das Herz wurde mir warm.

So etwas träum ich gerne
und könnt nur in Stunden
für die Liebste in der Ferne
den Kontinent umrunden.

Granada

Granada, eingebettet in den Bergen,
Stadt der Blumen und der Fantasie,
ihre stolzen Frauen heiß umworben
rotes Land der Träume und Magie.

Granada, märchenhafte Maurenfeste
mit Rosenbeeten duftumwoben
und den märchenhaften Palästen
im Zauberland dort hoch droben.

Feuriger Wein in manchem Garten,
so feurig wie das Blut der Schönen,
die mit Kämmen, den so hauchzarten,
glutäugig und keck die Fiestas krönen.

Maurische Augen und spanischer Stolz,
bei Flamencos Kastegnettenklang
fliegen Locken, schwarz wie Ebenholz,
in der Kühle nach Sonnenuntergang.

Schwarze Brüste

Sie hat die Farben mir gemischt
und hielt als Model tags so still,
nachdem die Sonne dann verlischt
hat sie getan, was sie nur will.

Sie war als Muse wundervoll
mit zartem Göttinnen Gesicht,
doch in der Nacht war sie wie toll,
bis zum ersten Morgenlicht.

Und ihre süße Leidenschaft,
ist in die Bilder eingedrungen,
die nun mit ihrer Zauberkraft
und ihrem Anblick wohlgelungen.

Wir frönten gern der Liebe Spiel,
uns trieben sehnsuchtsvoller Lüste,
doch was zu viel ist, ist zu viel,
sie malte sich gern schwarze Brüste.

Das Buch meines Herzens

Mein Herz ist kein offenes Buch
und es ist schwer zu lesen,
so manches Mädchen hat versucht
mit all' zu kindlichem Wesen.

Und manche Schöne dann und wann,
da war ich sehr betroffen,
sah sich nur schnell die Bilder an,
auf mehr war nicht zu hoffen.

Ihr lieben Frauen was dort steht
mit ganz so kleinen Lettern,
liest sich nicht wie vom Wind verweht,
es lohnt sich drin' zu blättern.

Wer sich in jede der Seiten vertieft,
die wird es nicht bereuen,
meine Zuneigung ist ihr verbrieft,
die wird jetzt meine Neue.

Die alten Gassen

Was haben die alten Gassen gesehn,
durch die wir achtlos spazieren gehen,
jeder Stein könnte etwas erzählen,
von Mühsal, von Frohsinn und Quälen.

Wer trat seit Jahren das Pflaster blank,
das in früherer Zeit vor Unrat stank
und wo sind ihre Spuren geblieben,
die sich zwischen Fachwerk umtrieben.

Was hinter den Fenstern geschehn,
vor denen rote Geranien stehn,
die blank aus den Häuser schauen,
was könnten sie uns anvertrauen.

Die goldene Turmuhr schlägt noch
und alle schauen oft zu ihr hoch,
sie hat lange Zeit das Leben bestimmt,
das heute immer schneller verrinnt.

Mütter

Der ganze Stolz
dieser Welt,
ob es gefällt
oder nicht
ist einzig und allein
der Mütter Schmerz.
Schön sind alle Frauen
die ein Kind
unter dem Herzen
tragen.
Stark sind alle Mütter
die gebären.
Alle Mütter sind Madonnen,
rührend ihr Anblick,
wenn sie ihr Kind
an die Brust legen.
Wenn sie
der Kinder Schreie stillen
und Schmerz lindern.
Gibt es einen Dienst
für die Welt,
der mehr Anspruch
auf Dankbarkeit hat,
als Kinder zu gebären?

Das Spieglbild

Als sie noch jung an Jahren,
sah sie oft in den Spiegel
und wollte stets erfahren,
denn ihre Jungfrauenfigur,
glich einen Buch mit Siegel,
ob schon der Busen wächst.

Doch an den zarten Stellen,
so oft sie auch nachsah,
da fehlte jedes Schwellen.
An einem schönen Morgen
war es vorbei mit dem Frust,
verschwunden alle Sorgen,
neugierig wölbte sich die Brust.

Sie heiratete dann im Mai
und hat den Spiegel vergessen,
bekam der Kinder, eins, zwei, drei
und aß recht gern Delikatessen.
Als sie nun sah ihr Ebenbild,
das konnt ihr nicht gefallen,
der Busen aus der Enge quillt,
sie musst in höher schnallen.

Fräulein Hasu

Im kalten, fernen Sibirien wars,
das Eis glitzerte wie Erz,
es war ein Tag wie ein Vers,
das spürte ich mein armes Herz,
das selbst in Frost und Schnee
ganz wunderlich erglühte,
ich traf eine fernöstliche Fee,
so zart wie eine Blüte.

Wie eine Blume hieß sie auch,
das Fräulein Lotosblüte,
ihr Teint glich einem Jadehauch,
den Duft den sie versprühte,
und als ich ihr dann vorgestellt
senkte sie die Augen nieder,
sie kam aus einer fremden Welt
mir zitterten die Glieder.

Und als am nächsten Morgen,
sie durch den Schnee schwebte,
fühlte sie sich bei mir geborgen,
mein Herz vor Glück erbebte.
Sie hatte nur den Kopf gesenkt
und lächelte ganz still,
ich habe nicht zum Kuss gedrängt,
da sagte sie nur: Ich will!

Die Nase kalt, die Lippen warm,
wie roter Feuermohn,
wir gingen beide Arm in Arm,
das war der Göttin süßer Lohn.
In dieser Winterzauberwelt
senkte sie erneut die Lider,
der Himmel war ein blaues Zelt,
ich küsste Fräulein Lotos wieder.

Sie sagte, dass sie Aiko war,
das heißt ein Kind der Liebe,
es klang so gut und wunderbar,
nichts besser sie beschriebe.
Am nächsten Tag zur Mittagszeit
wartete ich vergebens,
sie sei nun fort, es tut ihr leid,
das sei der Lauf des Lebens.

Daphne

Apollon schöner Göttersohn
hatte für Amor
nur Spott und Hohn.
Er stichelte den Knaben,
es ziemt sich nicht für dich,
so einen Bogen hier zu tragen.
Wir wappnen uns mit Bogen,
Speer. Schwert und Schild
den mächtgen Feind zu töten
und das rasche Wild.

Weil Amor aber erkannte,
dass Apoll nach Daphne sah,
rächte er sich und spannte
den Bogen für den goldene Pfeil,
dass der in heißer Liebe
zur Göttergleichen entbrannte.

Danach er bleiern einen schoss,
der Daphne traf ins Herz,
die jungfräuliche Jägerin verdross
denn statt Liebesschmerz,
war sie gefeit von allen Minnen
und floh, wenn sie Apollon sah,
der sie sie bedrängte, wie von Sinnen.

Erschöpft von Apollons Liebeswut,
bat sie: Hilf Vater mir,
wenn göttlich Macht ist euer Gut,
gegen diese zügellose Gier,
verdirb diese schönen Glieder
mit denen ich zu sehr gefiel,
das ganze Spiel ist mir zuwider.

Kaum diese Bitte ausgesprochen,
spürte sie die Glieder taub
und Ranken aus der Erde krochen,
das goldne Haar war Lorbeerlaub.
Zarte Rinde bedeckte die Gestalt
die Arme waren Ästen wie ein Traum,
so war mit göttlicher Gewalt
die Jungfrau nun ein Lorbeerbaum.

Sternendieb

Sterne breiten den Mantel aus
strahlend über deine Rosenblüte,
hingestreckt dein zarter Leib,
malerisch wie Göttin Aphrodite.

Silberhell des Mondesschein,
unser Bett im Sommerheu
leuchtet diese Nacht uns zwein,
Haut an Haut und ohne Scheu.

Einen Stern will ich dir schenken,
muss ihn nur noch holen,
ewig sollst du an mich denken,
der dich heut Nacht bestohlen.

150

Europalied

Wenn der Tag vorüber geht,
stets der Deutsche resümiert:
Gott sei Dank, nichts ist passiert!

Der Franzose macht das nie,
küsst lachend eine Mademoiselle,
und flüstert: C'est la vi!

Der Russe sieht das ebenso,
trinkt er den letzten Wodka aus:
Slava bogu, shisn charosho!

In England sagt man vor sich hin,
bevors zur Ehepflicht geht:
God save The Queen!

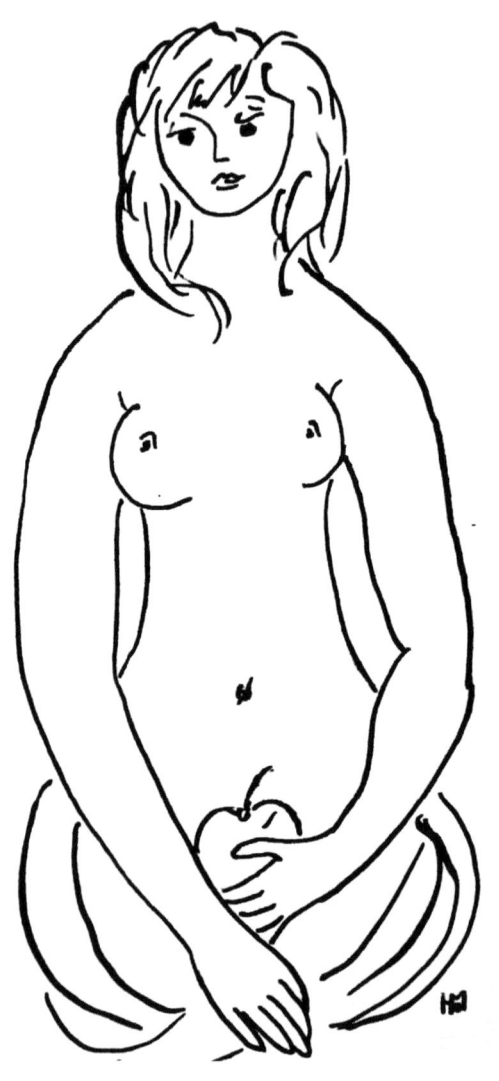

Unter dem Maulbeerbaum

Auf unserem Hof
steht ein Maulbeerbaum,
gepflanzt von Hugenotten,
ein Mädchen erschien mir Traum,
eine von den Kokotten.

Auf unserem Hof
wohnt eine Jungfer hold,
das hätte ich wissen müssen,
ihr Lächeln war wie Gold,
ich wollte sie gerne küssen.

Aus unserem Hof
ein Armband ich fand,
das gehörte der Schönen,
ich nahm es als Liebespfand
und bat, mich zu verwöhnen.

Auf unserem Hof
bin ich aufgewacht,
ich hatte Wein getrunken,
denn in der heißen Sommernacht,
da hat mir das Glück mir gewunken.

Faszination

Ja, die Corrida de toro
eine hohe Kunst des Tötens,
die spanisches Blut aufreizt,
bei der kein Spanier mit Olé
für die Matadoren geizt.

Im malerisch-weißen Ronda,
ist der Stierkampf geboren
und aus der sonnigen Arena,
hat er Südspanien überzogen.

Die Frühe ist fürs Beten da,
wenn aber am Nachmittag
die Sonne so prall höher steht
ist die Corrida ein Magnet.

Es ist ein Fest aller Feste
und das begeisterte Volk
feurig und herausgeputzt
füllt die sonnigen Podeste.

Stolz ziehen die Toreros ein,
grüßen nach altem Brauch,
in geschmückten Gewändern
in der Sonne heißem Schein.

Streng und treu ist die Menge
und schwenkt weiße Tücher
für den mutigen Matadoren
auf den Plätzen in Arenas Enge.

Die Pikadeure tun ihr Werk
und reizen den schwarzen Stier,
der wütend kampfbereit ist
ein Koloss, fast wie ein Berg.

Der Matador den Stier studiert
im Ringen um Leben und Tod,
von Intelligenz gegen Instinkt,
es wird deshalb kommuniziert.

Der Kampf ist höchst symbolisch,
der Starke gegen den Schwachen,
Kraft gegen Eleganz und Nervosität
und für einen endet er tragisch.

Der Matador ermüdet den Stier,
sein Mut wird mit Olé bedacht
und mit dem mutigen Todesstoß,
der estocada, verliert oft das Tier.

Überlebt der Stier Degen und Hatz,
wird ein oranges Tuch geschwenkt,
was ihm das Leben zur Zucht schenkt.

Die kleine Hure

Sie beherrscht die Kunst,
ihre Gunst
so zu verschenken
dass Männer denken,
sie würde sie lieben
in diesem Augenblick
so durchtrieben
und nicht minder geschickt
ist die Kleine.
Ihr heißes verlogenes
Flüstern,
das geheuchelte Gefühl
macht die Männer lüstern
ist berechnetes Spiel,
wohlgeübt
mit einem schönen Körper
über den sie verfügt,
der Freier
jede Nacht verführt
und dabei lügt.

Das junge Freudenmädchen
vom Tiergarten
muss deshalb
nie lange warten,
bis einer in Liebesnot kommt
und die süße, junge
Asphaltblume
sich mitten
in der Nacht
in seinen Armen sonnt.
Sie ist schon verdorben
und recht erfahren,
kaum zu glauben
mit achtzehn Jahren.

Die Hexenwaage

In Oudewater
Im Neederland,
da wurden die Jungfern
gewogen.
Und wen die Waage
zu leicht befand,
war, so glaubten sie
in der Nacht
als Hexe
geflogen.

Das malerische
Käsedorf,
haben die Jungfraun
gemieden,
denn waren sie rank
und auch schlank,
ob unschuldig
oder tot krank,
dann war ihr Schicksal
beschieden.

In Oudewater
im Neederland,
da litten die Jungfern
große Not,
so mancher
hätte sie gern gefreit,
doch waren sie leichter
als zehn Käselaib,
drohte ihnen als Hexe
der Feuertod.

Seit dieser Zeit
das war zu hoffen
hat man im schöne
Oudewater
kein leichtes
mehr Mädchen
getroffen.

163

Einfallslos

Voll Tatendrang
trat sie an ihre Staffelei.
Es soll ein
Meisterstück werden,
was ihr Ruhm
und Achtung einbringt
auf Erden,
kurz, ein Bild wie noch nie.
Nur fiel ihr nichts
Geniales ein,
und so malte sie,
malte sie
voll Anmut
und bekleckst,
ein Selbstporträt.
Doch wie verhext,
als das Gemälde
fertig schien,
so dachte sie
und wurde fast verrückt,
war es statt eines
Meisterstücks
von sich nur eine
schlechte Kopie.

Venezianische Tragödie

Venedigs Brücken
seufzen
unter der Last
fremder Schritte.
Venedigs Tauben
meiden
ihren mit
flüchtigen Körpern
gesättigten
Markusplatz.
Venedigs
Lagunenfischer
sehen
ihre Netze
zerrissen
unter dem Sog
schwimmender
Luxushotels.
Venedigs Himmel
über versinkenden
Palästen
weint und rußt
auf die
weißen Blusen
der Gondoliere.

Venus

Cupido
der kleine Knabe
genoss
der Schönen Gunst,
saß bei Venus
einst im Bade
nackt und bloß
im Wasserdunst
froh vergnügt
auf ihrem Schoß.

Und die Göttin
ohne Scham
zeigte ihrem
süßen Fratz,
der bestaunte
wundersam
ihres Körpers
sonst verhüllten
Schatz.

Ihre Brüste
prall und rund
fanden
sein Interesse,
dass er sie
mit Kindermund
zart und innig
küsste.

Das war Venus
doch zu viel,
kühn und frech
war Cupidos
frivole Spiel
und geschwind
verband sie
ihm die Augen.
Seitdem
ist Liebe blind.

Omnia vincit Amor!

Mai

Keusch
unter Gesträuch
im Abendwind
das Kind
im Mai
für zwei.

Lieb
war der Dieb
im Moos
und ihr Schoß
so frei
im Mai
für zwei.

Laut
stöhnte die Braut
in der Nacht
unter Amors Macht
im Mai
für zwei.

Nass
war das Gras
im Morgentau
und die Luft lau,
im Mai
für zwei.

Weitere Publikationen des Autors:

„Moskauer Venus" - Tagebuch eines
Herumtreibers (unter dem Pseudonym Genadij
Neshin) ISBN 3-8334-4474-6

„Ein Haus so himmelblau" - Ein Maler- und
Liebesroman - ISBN 978-3-8423-9839-9
Repin-Romanbiografie 3-teilig:
„Palette Russlands"
I. Band - ISBN 978-3-7322-2643-6
„Das Russlandgemälde"
II. Band - ISBN 978-3-7357-4597-2
„Die Farben der russischen Seele"
III. Band - ISBN 978-3-7412-4909-9

Kurzgeschichten „St. Petersburg, mon amour!"
ISBN 978-3-7357-5266-6
„Moskau, meine Trauer!"
ISBN 978-3-7386-8827-6
„Moskau, fremde Schöne!"
ISBN 978-3-7386-9723-0
„St. Petersburg, so kühl wie schön!"
ISBN 978-3-7392-7611-0
„MOCKBA und die Moskauer"
ISBN 978-3-7448-4351-5
„Puschkins Wiedergeburt"
ISBN 978-3-7528-6953-8

Lyrik „Liegengelassenes Aufgehoben"
ISBN 978-3-7412-1395-3
„Vom Wegesrand gepflückt"
ISBN 978-3-7528-7056-5
„Ziellos unterwegs"
ISBN 978-3- 7494-2005-6

Das Titelbild sowie alle Ink-Drawings wurden vom Autor gezeichnet, teils nach bekannten Motiven und Gemälden.

Kontakt: hartmut.moreike@kabelmail.de